Hanna Stahlberg-Hansen

Applaus entfällt!

Zeitgenössische Gedichte
für jederfrau und fast jedermann

Haag + Herchen

Die Deutsche Bibliothek – CIP-Einheitsaufnahme

Stahlberg-Hansen, Hanna:
Applaus entfällt! : zeitgenössische Gedichte für jederfrau und fast jederman / Hanna Stahlberg-Hansen. – Frankfurt am Main : Haag und Herchen, 1999
ISBN 3-86137-791-8

ISBN 3-86137-791-8

Fichardstraße 30, 60322 Frankfurt am Main

Umschlaggestaltung: Johannes Caspersen, Flensburg
Produktion: Herchen KG, Frankfurt am Main
Gesamtherstellung: W. Niederland, Königstein
Printed in Germany

Verlagsnummer 2791

Matthias

Rebekka

Christopher

mit dem innigen Wunsch
für ein Leben in Liebe,
Geborgenheit und Würde in
einer lebensfähigen Welt
gewidmet.

H.St.-H.

Anmerkung der Autorin

Möge meine Bereitschaft zu aufrichtiger, lebensbejahender Offenheit – sowohl durch die Lyrik als auch die Aphorismen – auf tragfähige Brücken über bedrohliche Abgründe unserer Gesellschaft hinweisen!

Zwischen Raum und Zeit entstanden und auf wache Beobachtung und reiche Lebenserfahrung gegründet, fordern meine Texte kaum den Applaus eines Publikums, sondern ersuchen die stille Einkehr und mutige Mitarbeit jeder einzelnen Leserin und jeden Lesers.

Inhalt

I

Gedichte gegen die Kultur des Wegschauens

An der Schwelle zum Jahre 2000

Wenn die
Jahrtausendwende
die Wende
zum Guten brächte,
wer dächte
dann noch
an die Verbrechen
der Politiker
und Wirtschaftsgiganten
in aller Welt ?

Geldgier aber
und Machtrausch
sind
zeitlos.

Absolut harmlos

Hast du ihn auch gehört,
den Vogel
hoch oben in dem Baum?
Es gibt noch einen gesunden Vogel
und einen kahlen Baum.

Hast du sie auch gehört,
die Kinder
draußen auf der Wiese?
Es gibt noch zwei gesunde Kinder
und eine welke Wiese.

Hast du ihn auch gesehen,
den Fisch
mitten in dem Meer?
Es gibt noch einen gesunden Fisch
und ein pechschwarzes Meer.

Hast du sie auch gesehen,
die Tiere
hinten in dem Stall?
Es gibt noch ein gesundes Tier
und einen Forschungsstall.

Hast du sie auch gesehen,
die Wolke
am hellen Mittagshimmel?
Es ist nur eine Unglückswolke –
und ein poröser Himmel.

Hast du ihn auch gehört,
den Zug
im Hotel am Rhein?
Es ist nur ein Atommüllzug –
und ein verseuchter Rhein.

Hast du ihn auch gehört,
den Knall
im nahen Luftkurort?
Es ist nur ein Bombenknall –
und ein verstrahlter Ort.

Absolut harmlos!

Befreiung

Der Kopf gemartert
die Hände gefesselt
die Füße gefoltert
der Wille getötet

der Mund versiegelt
die Augen verklebt
der Körper verdorrt
die Seele vergewaltigt.

Ein Kind befreit
den Umweltkämpfer.

Das Sterben der Sterne

Unzählige Sterne
in der Nähe, in der Ferne
überall Sterne –
an Kinderkleidung genäht.

Unzählige Sterne
in der Nähe, in der Ferne
überall Sterne –
an Frauenkleidung genäht.

Unzählige Sterne
in der Nähe, in der Ferne
überall Sterne –
an Männerkleidung genäht.

Kaum ein Stern hat überlebt.
Gelber Stoff wird neu gewebt . . .

Entscheidung : K R I E G

Bomben, Giftgas, Raketen, Granaten –
Schreie, Verzweiflung, todbringendes Warten.

Angriff, Widerstand, Minen, Feuerpause –
Verstümmelung, Mord, ausgebombtes Zuhause.

Ohnmacht, Verlust, Schmerz, Tränenflut –
Schweigen, Schwermut, bitteres Ideengut.

Zerfall, Gefangene, Witwen, Waisen –
Perversionen, Verrat, zielloses Reisen.

Terror, Demos, Konferenzen, Entschlüsse –
Unterzeichnungen, Friede, verängstigte Küsse.

Ehrenworte, Subventionen, Schutz, Aufbauplan.
Ideologien, Waffendepots, rachedurstiger Wahn –

Entscheidung : K R I E G !

Flucht

Ich war noch klein.
Kann es sein,
dass ich die Soldaten noch
fürchte,
den Qualm
schmecke,
das Feuer
rieche,
die Scherben
höre,
die Ängste
fühle,
den Hunger
empfinde,
die Verluste
beweine,
die Fluchtroute
meide?

Kann es sein,
dass meine Heimat
unwiederbringlich
besiegt?

Orientierung verloren

I

Wer die Würde verliert
und Treue und Glauben,
dem wird das Leben
über kurz oder lang
den Kompass rauben:
den klaren Blick
hin zum Ziel.

II

Hechelnde Schritte
a tempo
gedankenlos
taub und blind
gewissenlos
stumm und hart.

III

Selbstgerecht
scheinbar cool
verschwunden.
Vom alten Vater
vermisst gemeldet.
Aktenzeichen A B C
ungelöst.

IV

Keine Hinweise.
Akte geschlossen.
Laute Sprachlosigkeit.
(Applaus entfällt !)

Der Computer – Fluch oder Segen ?

Der Computer
gab eine Nummer
gegen den Kummer.
Die Nummer
gab einen Plan.
Der helle Wahn!
Ich sah ein Kind.
Es war erkoren –
per Computer
zum Missbrauch
geboren.
Ich sah einen Mann.
Der Computer gab an,
dass er soeben –
per Computer –
eine Frau gewann!
Ich sah ein Schild –
darauf m e i n Bild!
Mir wurde schlecht.
Wo bleibt mein Recht?
Wer hat mich
im Computer
gespeichert
und sich mit
meinem Kummer
bereichert?
Datenschutz –
ein Traum in Schwarz!

Namenlos

Er nahm ihr die Kindheit.
Er nahm ihr den Namen.
Er nahm ihr das Lachen.

Er nahm ihre Ideen.
Er nahm ihre Kraft.
Er nahm ihre Würde.

Er nahm ihren Willen.
Er nahm ihr alles.

Sie nahm sich das Leben.
Sie ruht – namenlos.

Warum hörte sie niemand,
die Schreie?

Freigegeben

Ich darf nicht klagen.
Man darf mich schlagen.

Ich muß mich fügen.
Man darf mich belügen.

Ich kann nicht schlafen.
Man darf mich bestrafen.

Ich kann noch nicht laufen.
Man darf mich verkaufen.

Ich darf nicht schreien.
Wer kann mich befreien?

Gibt es Liebe?
Für mich?

Beurteilung

Du bist tüchtig.
Du bist hübsch.
Du bist liebenswert.
Sagte meine Mutter.

Du bist schwach.
Du bist verträumt.
Du bist langweilig.
Sagte mein Vater.

Du bist fleißig.
Du bist begabt.
Du bist gewissenhaft.
Sagte meine Lehrerin.

Du bist stark.
Du bist schnell.
Du bist zuverlässig.
Sagte mein Trainer.

Du bist faul.
Du bist blöd.
Du bist unordentlich.
Sagte mein Lehrer.

Du bist schön.
Du bist klug.
Du bist super.
Sagte meine Freundin.

Du bist dumm.
Du bist langsam.
Du bist ungeschickt.
Sagte meine Chefin.

Du bist feige.
Du bist krank.
Du bist rückständig.
Sagten meine Freunde.

Ich bin verwirrt.
Ich bin ziellos.
Ich bin süchtig.
Ich bin – angepasst.

Ausgeliefert

Er war Schüler. Er war Opfer
seiner Lehrer –
ihrer Launen
ihrer Schwächen
ihrer Bequemlichkeit
ihrer Unfähigkeit
ihrer Hilflosigkeit
ihrer Begrenztheit
ihrer Unzufriedenheit
ihrer Faulheit
ihrer Ideenarmut
ihrer Intrigen
ihrer Macht
ihrer Strafen
ihrer Lügen
ihrer Süchte
ihrer Politik
ihrer Ideologien
ihrer Misopädie
ihrer Urteile
ihres Unglaubens
ihres Wahnsinns.

Er war ihnen
ausgeliefert.
So viele Jahre.

Antwort erbeten!

Kinderlachen erklingt hell.
Kindertränen fließen schnell.
Kinderworte sprechen wahr.
Kinderaugen sehen klar.
Kindersorgen wiegen schwer.
Kinderschaukeln stehen leer.
Kinderträume rütteln wach.
Kinderherzen fragen nach:

Warum hat
niemand
Zeit
für uns?

Gemieden

Wenn ich laufen könnte,
liefe ich in die Arme meines Vaters.
Wenn ich sprechen könnte,
spräche ich tagelang mit meiner Mutter.
Wenn ich hören könnte,
hörte ich das Lied des Vogels im Baum.
Wenn ich singen könnte,
sänge ich in dem Kinderchor dieser Welt.
Wenn ich lesen könnte,
läse ich tausend bunte Kinderbücher.
Wenn ich schreiben könnte,
schriebe ich frohe Briefe an Evelyn.

Ich kann sehen
malen
fühlen
schmecken
riechen
lachen
trösten
staunen
weinen
liebhaben
...

Warum meiden sie mich,
die Menschen?

Todesurteil

Ich wurde gezeugt
im Dunkel der Nacht.
Die Empfängnis hat
niemand Glück gebracht.

Gestorben bin ich
am helllichten Tag.
Legal, rechtmäßig
entfernt – laut Vertrag.

Ich wollte leben –
Kind der Liebe sein!
Der versteckte Wunsch
war innig und rein.

Ich wollte leben!

Der Traum vom Familienglück

Vater, Mutter, Kind.
Der Traum fliegt mit dem Wind

und versinkt im See.
Der Abschied tut weh.

Zu hoch schien der Preis.
Ein Spiel der Kinder weiß

und inszeniert den Traum.
Sie verstehen ihn kaum.

Ein Kind hat einen Stern gesehen.
Auch Träume können auferstehen!

Die letzten langen Jahre

Ins Heim kommt sie dennoch heute –
die alte Frau.
Sie sieht viele alte Leute –
die alte Frau.

Jeder Protest verlief im Sand –
vergebliche Müh‘.
Sie hatte keinen leichten Stand –
vergebliche Müh‘.

Zwei reiche Söhne geben sie ab –
freundlich und edel.
Still schaut sie ins offene Grab –
freundlich und edel.

Nie Kinderjauchzen, kein Leben –
ein langsamer Tod.
Kein frohes Nehmen und Geben –
ein langsamer Tod.

Sie lebt noch und bekommt Besuch.
Warum denn Tränen?
Geschenk : antikes Märchenbuch.
Warum denn Tränen?

Worte

Worte richten Böse und Gut.
Worte zeugen Habgier und Wut.

Worte kränken Ehre und Würde.
Worte pflanzen Sorge und Bürde.

Worte bringen Hass und Verderben.
Worte fordern Rache und Sterben.

Worte lehren Wissen und Rat.
Worte segnen Planung und Tat.

Worte streicheln Körper und Herz.
Worte lindern Heimweh und Schmerz.

Worte sprechen Wahrheit und Treue.
Worte flüstern Beichte und Reue.

Worte schaffen Liebe und Wonne.
Worte schenken Heimat und Sonne.

Masken

Gefangen in ihren großen Ideen –
stolz und berechnend.
Hinter die Maske darf niemand sehen.

Gefangen in ihren klugen Lügen –
täuschend und freundlich.
Feind und Freund betrügen.

Gefangen im Glauben an Ego und Stärke –
selbstherrlich und dominant.
Experten im Aufbau sozialer Werke.

Gefangen in ihrer lärmenden Welt –
betäubt und programmiert.
Macht durch Wissen und Geld.

Kommt heraus aus Schlössern
aus Gold, Stein und Luft.
Lasst die Masken fallen –

sucht den Rosenduft !

II

Gedichte gegen das Aussterben der Vielfalt und Vollkommenheit der Liebe

Schwarzweiß

Für Finn

Meine Haut ist ebenholzschwarz,
so schwarz.
Meine Familie ist nachtdunkel,
so dunkel.
Mein Herz ist melonenweich,
so weich.
Meine Hände sind bienenfleißig,
so fleißig.
Mein Land ist bettelarm,
so arm.
Mein Stamm ist todhungrig,
so hungrig.
Die Sonne brennt siedendheiß,
so heiß
auf mich.

Mein Chef ist elfenbeinweiß,
so weiß.
Seine Familie ist mondhell,
so hell.
Sein Herz ist baumgroß,
so groß.
Seine Hände sind wundertüchtig,
so tüchtig.
Sein Land ist goldreich,
so reich.
Sein Volk ist übersatt,
so satt.
Seine Augen schauen himmelblau,
so blau
auf mich.

Er ist mein Freund.

Auch wenn alles einmal aufhört – Glaube, Hoffnung und Liebe nicht. Diese drei werden immer bleiben, doch am höchsten steht die Liebe. Die Bibel

Abschied und Wiederkehr

Ohne dich ist die Sonne kalt
der Mond verdunkelt
die Musik verklungen –
das letzte Lied.

Ohne dich ist das Leben alt
die Gedanken schwer
das Gespräch beendet –
das letzte Wort.

Ohne dich ist Muße Qual
der Traum erschreckend
die Liebe stumm –
der letzte Kuss.

Mit dir wärmt die Sonne tief
der Mond leuchtet
die Musik klingt –
das ewige Lied.

Mit dir ist das Leben jung
die Gedanken leicht
das Gespräch lebendig –
das schaffende Wort.

Mit dir ist Muße Freude
der Traum erquickend
die Liebe schöpferisch –
der Herzenskuss.

SPUREN

Deine Spuren führen
zu meinem Zelt.
Unsere Liebe verändert
diese Welt.

Deine Spuren führen
zu meinem Herzen.
Unsere Hoffnung zündet
weiße Kerzen.

Deine Spuren führen
fort von hier.
Meine Liebe gehört
ewig dir.

Heimweh

Weiße Lilie liegt
auf weißem Tüll.
Weißer Falter fliegt
fort.

Rote Rose liegt
auf rotem Samt.
Roter Falter fliegt
fort.

Gelbe Tulpe liegt
auf gelbem Holz.
Gelber Falter fliegt
fort.

Blauer Enzian liegt
auf blauem Glas.
Blauer Falter fliegt
fort.

Tiefe Liebe liegt
auf tiefem Grund.
Tiefe Sehnsucht fliegt
fort.

Abschiedsschmerzen

Für Frank
Mit Psalm 23

Mein Sohn zog aus.
Mein Haus – ein Totenhaus.
Kein Lachen, Reden, Diskutieren.
Eiskalt die Luft – ich werde frieren.
Er wird, mein Sohn, das Recht studieren.

Mein Sohn zog aus.
Teezeit allein – im Totenhaus.
Und viele leere Augenblicke,
in denen ich ihm Liebe schicke.

Mein Sohn zog aus.
Mein Haus – kein Totenhaus.
Ich warf ihn heute Nacht hinaus,
den Tod, aus meinem stillen Haus.

Mein Sohn zog aus.
Ich schmücke mein verlassenes Haus.
Ich bin bereit. Der Kampf gewonnen.
Ein neues Leben hat begonnen.

Es blühen schon die Veilchen.

Liebesbrief

Unter tausend Augen
deine Augen –
ich liebe sie.

Unter tausend Lippen
deine Lippen –
ich liebe sie.

Unter tausend Händen
deine Hände –
ich liebe sie.

Unter tausend Stimmen
deine Stimme –
ich liebe sie.

Unter tausend Schritten
dein Schritt –
ich liebe ihn.

Unter tausend Körpern
dein Körper –
ich liebe ihn.

Unter tausend Herzen
dein Herz.
Ich liebe dich.

… bis der Tod uns scheidet

Sprich mit mir,
als sei es gestern gewesen,
dass wir uns trafen –
zum ersten Mal!

Lache mit mir,
als sei es gestern gewesen,
dass wir uns küssten –
zum ersten Mal!

Staune mit mir,
als sei es gestern gewesen,
dass wir uns liebten –
zum ersten Mal!

Weine mit mir,
als sei es gestern gewesen,
dass wir uns trennten –
zum ersten Mal!

Bete mit mir,
als sei es Andacht gewesen,
wenn wir verschmelzen –
zum letzten Mal!

Du und ich

Sonne und Mond
am Abendhimmel heute.
Warum nicht
du und ich
auf grüner Wiese heute
warten
bis die Sonne
dem Mond
den sternnächtlichen Himmel
überlässt
für dich und mich?

Liebeserklärung

Schönheit, die aus der Seele strahlt.
Schönheit, die kein Künstler malt.
Sie ist in dir.
Sie spricht zu mir.

Kein Alter kann sie je verzehren.
Die Jahre werden Spuren mehren –
schön sind auch sie.
Ich wende nie

den Blick von meinem Kleinod ab.
Ich liebe dich – weit übers Grab,
mein Augenstern.
Ich hab‘ dich gern.
Unsterblich!

Am Ende der Reise

Wo bist du gewesen?
fragt er still.
In deinen Augen kann ich lesen,
was ich nicht wissen will.

Wo bist du gewesen?
fragt sie still.
In deinen Augen kann ich lesen,
was ich nicht wissen will.

Ich bin weit fort gewesen,
sagen beide still.
In den Herzen wollen wir lesen,
was unsere Liebe sagen will.

Komm!
ruft die Liebe.

Wunder

Ich schäme mich nicht,
dir Liebe zu zeigen.
Du bist mein Licht!
Wir tanzen den Reigen.
Er nimmt kein Ende.
Wir halten ihn auf
und hoffen, die Wende
nimmt ihren Lauf
und schenkt dir das Leben
noch einmal.
Wunder !
Liebestrunkene
Dankbarkeit.

Begegnung

Für Claudia

Gestern bin ich
dir begegnet
auf dem Weg des Lebens,
geliebte Tochter.

Du gehst zielgerichtet.
Du denkst messerscharf.
Du lebst wissend.

Du kämpfst überwach
gegen Gleichgültigkeit
und den Tod.

Du wirst ihn verlieren
manchmal
den Kampf.

Behüte dein Herz !

Das Leuchten
in deinen Augen
bleibt bei mir.
Ein Engel
ist bei dir.

Am Muttertag

Danke, Mutter!
Über den Tod hinaus :
DANKE!

Du hast so tapfer gelebt
und bist so tapfer gestorben.

Ich möchte noch einmal
an deinem Tisch essen.
Ich möchte noch einmal
an deinem Tisch schreiben.
Ich möchte noch einmal
mit dir reden.

Ich habe Heimweh.

Die Erde scheint
so weit von dir entfernt . . .

Mutterglück

Der Schmerz zerreißt mich –
du bist da!
Ich höre deine Stimme –
zum ersten Mal.

Das Glück zerreißt mich –
du bist da!
Ich fühle deine Haut –
zum ersten Mal.

Die Liebe zerreißt mich –
du bist da!
Ich sehe in deine Augen –
zum ersten Mal.

Die Wonne zerreißt mich –
du bist da!
Ich gebe dir meine Brust –
zum ersten Mal.

Willkommen, mein Kind!

Verloren

Für die ungeborenen Kinder

Du konntest nicht werden,
du konntest nicht leben.
Sie musste dich –
ehe du wardst –
dem Tode geben.
Verzweiflung.
Schmerzen
der Erde.

Sie hat dich verloren
im Kampf ihres Lebens.
Sie hat dich verloren
im Sog ihrer Angst.
Sie hat dich begraben
im Meer ihrer Tränen.
Trauer.
Trost
des Himmels.

...bis zum Ende der Zeit

So viele Kinder saßen vor mir
und ich sah ihre Chancen.
So viele Kinder lernten von mir
und ich lernte von ihnen.

So viele Kinder sangen mit mir
und ich trank ihre Freude.
So viele Kinder sprachen mit mir
und ich nahm sie ernst.

So viele Kinder lachten mit mir
und ich gab ihnen Hoffnung.
So viele Kinder vertrauten mir
und ich glaubte an sie.

So viele Kinder fragten mit mir
nach dem Sinn des Lebens.
Wir fanden ihn.
Und plötzlich
stand die Zeit
still.

III

Gedichte gegen Hektik und Lärm
oder
»Wenn die Erde den Himmel findet«

Lebensfreude

Frühling, Zirpen, Singen –
Sonne auf nackter Haut.
Was wird der Sommer bringen,
der durch die Birke schaut?

Strände, Liebe, Lachen –
Wellen auf nackter Haut.
Was wird der Nörgler machen,
der keinem Menschen traut?

Reden, Schaffen, Denken –
Schnee auf nackter Haut.
Viel wird das Jahr verschenken,
wo Liebe Brücken baut!

Sehnsucht nach dem Sommer

Sing, blauer Vogel, sing –
den Sommer uns bring!
Flieg, blauer Vogel, flieg
und hol uns den Sieg
über Trauer und Not!

Sing, blauer Vogel, sing –
warme Liebe uns bring!
Flieg, blauer Vogel, flieg
und hol uns den Sieg
über Winter und Tod!

Zeit der Stille

Als es Tag ward, ging ich zum Strand –
in ein anderes Land.
Licht hieß es. Die Sonne ging auf.
Die Nacht verschwand.
Freude.

Als es Nacht ward, ging ich zum Strand –
in ein anderes Land.
Hoffnung hieß es. Der Mond ging auf.
Der Tag verschwand.
Musik.

Aus dem unzähligen Heer
fiel e i n Stern ins Meer.
Erwartung.

Augenblicke

Augenblicke der Angst
Stunden der Verzweiflung
Tage der Ratlosigkeit
Jahre der Einsamkeit

Augenblicke des Verrats
Stunden des Schmerzes
Tage des Misstrauens
Jahre des Stillstands

Augenblicke der Ruhe
Stunden der Besinnung
Tage der Entscheidung
Jahre der Erfüllung

Augenblicke des Glücks
Stunden des Verstehens
Tage des Vertrauens
Jahre des Wachstums

Augenblicke der Befreiung
Stunden der Seligkeit
Tage der Erkenntnis
Jahre der Lebenslust

Zufriedenheit

Wie ein Blatt im Wind,
wie ein schlafendes Kind,
wie das Lachen nach dem Leid
ist Zufriedenheit.

Wie ein Vogel im Nest,
wie ein glückliches Fest,
wie das Verstehen nach dem Streit
ist Zufriedenheit.

Wie ein Rat in der Not,
wie das tägliche Brot,
wie der Duft in der Frühlingszeit
ist Zufriedenheit.

Wie die Brücke über dem Fluss,
wie ein zärtlicher Kuss,
wie ein Hauch aus der Ewigkeit
ist Zufriedenheit.

Ausklang eines überlauten Tages

Herr, die schrille Hektik
macht mir Angst.
Schenk heilende Stille!

Der kalte Machtkampf
lässt mich frieren.
Schenk heilende Wärme!

Das freche Schweigen
lähmt mein Denken.
Schenk heilende Freude!

Die blecherne Technik
erstickt meine Träume.
Schenk heilenden Frieden!

Herr, deine stille Nähe
schenkt mir Trost.
Heilende Zuversicht!

Dem Licht entgegen

Muss ich schneller schreiben?
Ich fürchte, es bleiben
mir nicht Stunden genug.
Die Zeit flieht im Flug.

Habe ich Jahre verloren
oder werden Dichter geboren
im Taumel harter Arbeit,
in Schmerz und Glückseligkeit?

Ich dichte geschwinder,
damit meine Kinder
(und Sorgenerfinder)
lesen und verstehen :
Wir müssen ihn gehen,
den Weg über Steine.
Er führt ins naturreine
Licht.

Der Berg ruft

Der Weg ist schmal,
sehr schmal.
Er führt hinaus aus dem Tal
bergauf
in schwindelnde Höhen.
Ich werde ihn gehen.
Allein.

Ich weiß:
Gipfeloben
hält mich
das Kreuz!

Verse am Feldaltar

Der Friede des Himmels – von allen Seiten –
in mir, auf mir, um mich herum.
Lichter der Hoffnung – leuchtende Zeiten.
Antwort auf Fragen : Warum? Warum?

Die Nähe des Himmels – von allen Seiten –
in mir, auf mir, um mich herum.
Geschenke der Liebe – Geborgenheiten.
Befreit von Fragen : Warum? Warum?

Der Friede des Himmels – von allen Seiten –
in mir, auf mir, um mich herum.
Bereitschaft des Herzens – unendliche Weiten.
Mut, Glaube, Rat – kein banges Warum!

Das Buch der Bücher

Ich lese.
Ich lese seit Stunden.
Ich habe das Leben gefunden.
In diesem Buch.

Ich lese.
Ich lese seit Stunden.
Ich habe mich selbst gefunden.
In diesem Buch.

Ich lese.
Ich lese seit Stunden.
Ich habe Christus gefunden.
In diesem Buch.

Ich lese.
Ich lese seit Stunden.
Ich habe den Himmel gefunden.
In diesem Buch.

Herbst

Sturm, Wellen, Gischt –
sommerhelles Licht erlischt
im kaltdunklen Meer.
Wolken schwer.
Erinnerung.

Wind, Wellen, Regen –
grauschwarze Schwaden legen
dem Tag ein Nebelkleid.
Es ist soweit .
Herbst.

Weihnacht

Menschen, Gedränge, Glitzer und Punsch,
Eile und Hektik. Sonst noch ein Wunsch?
Im Kaufrausch geht s durch die helle Stadt,
bis jeder für jeden ein Päckchen hat.

Ich suche den Himmel – gedankenschwer –
bete und höre: Christus ist Herr!
Der Schnee fällt leise, so friedvoll die Nacht.
Ich habe mein Herz nach Hause gebracht.

Eine Kerze – ein Leuchten in Auge und Sinn,
ein Wissen, dass ich Teil der Weihnacht bin,
weil Christus für mich zur Erde kam
und Schuld u n d Sühne auf sich nahm.

Stille und Staunen, Empfangen und Geben.
Das Wunder der Weihnacht – e w i g e s L e b e n!

Tulpen · Aquarell · mundgemalt von Klaus Spahni

Herz, mein Herz, sei nicht beklommen
und ertrage dein Geschick!
Neuer Frühling gibt zurück,
was der Winter dir genommen.

HEINRICH HEINE

Draußen vor dem Tor

Durch das Tor bin ich gegangen,
durch die Mauer der alten Stadt.
Meine Gedanken waren gefangen:
Ob er hier gehangen hat?

Ich stand, wo seine Füße getreten
die letzten Schritte so schwer.
Ich konnte nur leise beten :
War es hier, geliebter Herr?

Die Sonne brannte hernieder ;
mir war das Herz so schwer.
Still fragte ich immer wieder :
War es hier, geliebter Herr?

Es war der Ort der Schmerzen,
die Stätte der Folter so schwer.
Ich rief aus tiefstem Herzen :
DANK! D a n k e, geliebter Herr!

Ein neues Jahr

Ein weißes Blatt. Blanko.
Kein Punkt. Keine Frage.
Keine Blume. Nichts.
Doch Gedanken
Hoffnung
Ängste.

Ein leeres Buch. Offen.
Kein Wort. Keine Zeile.
Kein Reim. Nichts.
Doch Ideen
Erwartung
Ungeduld.

Ein früher Tag. Rein.
Kein Geräusch. Keine Last.
Kein Schmutz. Nichts.
Doch Gebete
Liebe
Vertrauen.

Ein neues Jahr. Bereit.
Ein Anfang. Eine Chance.
Ein Weg. Alles.
Gnade Gottes
Geschenke
Entfaltung.

IV

Worte gegen Täuschung und Sprachlosigkeit

Selbstlose Liebe ist der Schlüssel zu den Schatzkammern des Lebens.

Ein guter Rat ist wie ein Mondaufgang am Meer.

Der größte Feind der Liebe ist Macht.

Wer an der Vergangenheit festhält, kann weder die Gegenwart genießen noch in die Zukunft schauen.

Verdrängung ist zunächst gesunder Selbstschutz.
Lebenslange Verdrängung ist feige Flucht und lässt Menschen zu Zwergen werden.

Hoffnung ist wie das Erleben eines Sonnenunterganges.
Im Ausklang der Faszination ist kein Raum für haltlose Traurigkeit, weil die Freude auf den Sonnenaufgang vibrierend obsiegt.

Vergebung setzt ungeahnte Kräfte frei. Sich selbst zu verzeihen (für Perfektionisten eine Höchstleistung!) ist der erste Schritt.

Großzügigkeit erklärt dem Geiz den Krieg.

Im Gedanken zum Aufbruch liegt schon Befreiung.

Hass errichtet Gefängnisse. Liebe baut Schlösser.

Wer davor warnt, an Gott zu glauben, sollte vorsichtig gehen. Ein Engel könnte ihn blenden.

Ein Lebenskünstler ergreift die Herausforderung des Augenblicks.

Hurra! Ich kann mich freuen!

Das Leben malt unzählige Bilder. Das letzte ist die Auferstehung.

Liebe ohne Wurzeln verwelkt im ersten Unwetter.

Eine Lebensleiter führt ins Paradies. Die allerletzte Stufe ist der Tod.

Wird in einer Freundschaft nur auf einem Instrument gespielt, ist sie gefährdet. Das Ziel sollten Aktivität und Hörgenuss eines Orchesters sein!

Schmerzbereitschaft und Tränen sind nicht den Frauen vorbehalten!

»Friede auf Erden« setzt Friedensbereitschaft voraus. Es gibt zu wenige Menschen, die guten Willens sind.

Wer aufgibt, hat verloren!

Jedes Kind ist d e r kostbarste Edelstein.

Bewunderung gebührt dem Menschen, der in keine Schablone passt, weil er, sich seiner Einzigartigkeit bewusst, kreativ und zielgerichtet seiner Berufung gemäß lebt.

Es sind noch viele Plätze frei in dem internationalen Chor »Rettet unsere Erde«. Jede einzelne Stimme ist bedeutungsvoll!

Manchmal reicht alles Porzellan der Welt nicht aus, um aufgestaute Bitterkeit und Wut abzubauen.

Wetterleuchten ist wie Liebe ohne befreiende Auseinandersetzungen.

Selbst ein Kind erkennt die Vorzüge der Toleranz.

Nach den eigenen Überzeugungen zu leben, erfordert zunächst Mut und später Stehvermögen.

Wer anderen seine Meinung a u f z w i n g t, ist ein schlechter Gesprächspartner.

Selbstsucht und Habgier sperren Menschen in scheinbar goldene Käfige.

Vertrauen ist ein verständlicher Wegweiser.
Es erfordert Risikobereitschaft und Mut, den Weg einzuschlagen.

Was man mit Gewalt festhält, wird man verlieren.

Wer Veränderung wünscht, sollte den Mut aufbringen, ein Gewitter auszulösen.

Es gibt in diesem Augenblick mehr heimlichen Inzest und Kinderpornographie auf der Welt als verfügbare Gefängniszellen.

Wer nicht alleine laufen kann, sollte Hilfe annehmen.

Ein Versuch, ohne Bewunderung erfolgreich zu arbeiten, lohnt sich!

Wer das Träumen verlernt hat, kann auch nicht mehr staunen.

Ein gesunder Verstand und ernsthaftes Gebet sind extrem zuverlässige Lebensphasenbegleiter.

Wer nicht in seiner Berufung arbeitet, lebt an dem Sinn seines Lebens vorbei.

Das Leben ist unendlich viel zu kurz, als dass man auch nur eine einzige Stunde verschlafen dürfte!

Tränen im Frühling lassen den Schluss zu, dass die Schmerzen des Winters nicht überwunden sind.

Ein glücklicher Beobachter zu sein, wenn die eigenen Kinder ihr Leben aufbauen, ist eine äußerste Gabe des Lebens.

Jedes Arbeitsklima wird durch Begabung und Lebensfreude bereichert. Materialistischer Konkurenzkampf hingegen nimmt auch die letzte Atemluft.

Der Verlust der Großfamilie war zugleich der Abschied von vielen unbezahlbaren Kostbarkeiten.

Der deutsche Wortschatz ist um einige Wörter ärmer geworden. Zwei davon sind »Verzicht« und »Opfer«.

Wege aus der Isolation: ein Blick, ein Wort, ein Schritt! Es gibt Menschen, die darauf warten. Sie sind es wert!

Ohne Ziel ist jeder Lebensweg ein Labyrinth.

Wer Steine pflanzt, wird Steine ernten.

Flucht vor einer Konfliktbewältigung ist die denkbar schlechteste Lösung. Die Probleme sind hartnäckige Reisebegleiter!

Die Welt ist kein Wartezimmer, sondern ein Arbeitsplatz.

Es gibt Menschen, die sich zeitlebens im Laufgitter bewegen.

MANIPULATION beginnt mit M (wie Macht) und endet mit N (wie Not). Dazwischen liegen z e h n (tausend !) Möglichkeiten . . . . .

Wer trauern kann, vermag auch zu trösten.

Worte bestehen nicht aus verschiedenen Waffen, sondern aus unterschiedlichen Buchstaben!

Der unaufhörlichen Streifjagd nach dem Glück liegt permanente Unzufriedenheit zugrunde.

Wer Mäßigung als Sicherheit erkennt, wird freudig den Weg der Mitte wählen! Der Entschluss, die Mittelmäßigkeit zu durchbrechen, wächst mit der Risikobereitschaft.

Wenn auf jede Vergewaltigung die Todesstrafe folgen würde, wäre das Problem der Weltüberbevölkerung sehr bald gelöst!

Lebenslange Todesfurcht blockiert Lebensfreude.

Die Auswirkungen von Neid und Eifersucht sind erschrekkend destruktiv.

Kinder könnten die Antwort auf viele Fragen geben – wenn sie gefragt würden!

Übertriebene Eitelkeit und ein ausgeprägtes Geltungsbedürfnis sind persönliche Wachstumshemmer und belasten jede Gemeinschaft.

Humor ist ein Geschenk des Himmels.

Liebe braucht Zeit zum Wachsen. Ein Leben lang.

Egoismus und Ungeduld sind todbringende Partner.

Es sollte ein Gesetz geben, nach welchem Anklage gegen Menschen erhoben werden könnte, die das ausgeprägte Harmoniebedürfnis, die schenkende Güte und versteckte Unsicherheit anderer heimlich, verlogen und schamlos ausnutzen. Zeugen gibt es wie Sand am Meer!

Das Leben ist der Arbeitgeber der Schriftsteller.

In der Gegenwart starker Frauen, die Kompetenz, Autorität und zu allem Überfluss auch noch Güte ausstrahlen, bricht unzähligen Männern der Angstschweiß aus.

Leben heißt k ä m p f e n.
Die Gegner des Lebens haben ihren Ursprung in der Bosheit.

Einsame Tränen füllen die Ozeane dieser Welt.

Wenn es viel zu sagen gibt, ist Schweigen eine mögliche Lösung. Es könnte eine Frage aufwerfen, die mit einem einzigen Wort zu beantworten wäre!

Verrat unter Freunden ist wie ein hinterhältiger Skorpionbiss. Die Schmerzen sind unerträglich und es besteht die Gefahr, dass sie nach Jahren mit gleicher Heftigkeit auftreten.

»Brückenbauer« schrecken auch vor Kulturunterschieden nicht zurück.

Dank

Mein besonderer Dank gilt Iris Brockstedt, die trotz eigener Arbeitsbelastung und vollem Programm meine Texte in ihren Computer tippte und mir – vom allerersten Gedicht an – Mut zusprach.

Meinem langjährigen Weggefährten Finn Hansen meinen innigen Dank für das Zuhören, Austauschen und An – mich – glauben.

Ihnen, der Leserin, dem Leser, danke ich für Ihren Mut zum Hinschauen, zur Auseinandersetzung, zum Handeln, zur Liebe.

Hanna Stahlberg-Hansen

(Kurze Selbstdarstellung)

Am 27.02.1939 in Kolberg (heute Polen) geboren

Abitur 1959 in Oberhausen (Rhld.)

Studium der Pädagogik in Kettwig (Ruhr)

Heirat mit Finn Hansen am 31.03.1964

Geburt einer Tochter am 01.01.1966

Geburt eines Sohnes am 20.05.1968

Lehrerin bis zum 30.06.1996

Wohnorte (chronologisch): Kolberg, Oberhausen, Flensburg, Kopenhagen, Flensburg, Dodoma (Tansania), Flensburg, Harrislee